DE: LORRAINE

A: LORRAINE

01-03-2014

LES POUVOIRS
DE L'ESPRIT
et comment les développer

William H. Hewitt

LES POUVOIRS DE L'ESPRIT
et comment les développer

Réveillez le génie en vous

Améliorez votre mémoire

L'auto-guérison et la créativité

Traduit de l'anglais par
Annie Labonté

LES ESSENTIELS

OCTAVE
ÉDITIONS

Couverture et mise en page : Michel Laverdière

Titre original : The Truth About
          Mind Power
          Llewellyn's Vanguard Series

ISBN : 978-2-923718-00-2

Dépôt légal : Bibliothèque et Archives nationales du Québec, 2014
          Bibliothèque et Archives Canada, 2014

Site Internet : www.editionsoctave.com

Imprimé au Canada

ACCÉDEZ AUX POUVOIRS SECRETS
DE VOTRE ESPRIT !

Dwight Eisenhower a utilisé la visualisation mentale pour se guérir d'un empoisonnement du sang... Thomas Edison pratiquait la relaxation mentale pour stimuler sa créativité. L'hypnose a été utilisée pour guérir des blessures, augmenter l'estime de soi, stopper des comportements indésirables et accéder aux souvenirs profondément enfouis de notre existence actuelle, mais aussi ceux de nos vies antérieures. De nombreuses personnes ont retiré de grands bienfaits de l'apprentissage de ces techniques mentales.

Votre esprit est d'une puissance extraordinaire. Il possède un potentiel bien au-delà de tout ce que vous pouvez imaginer ou même utiliser. Dans ce petit livre sur les pouvoirs de l'esprit, vous trouverez des exercices simples, spécifiquement désignés pour vous aider à accéder au plein potentiel de votre esprit afin de vous défaire de la douleur, développer votre mémoire, augmenter votre énergie, changer des attitudes et améliorer votre vie.

Grâce aux indications claires et concises de ce livre, vous apprendrez à utiliser ces pouvoirs secrets dont vous ignoriez l'existence !

LA VÉRITÉ SUR LES POUVOIRS DE L'ESPRIT

La seule différence entre un génie et vous c'est que le génie a appris à utiliser une plus grande proportion du potentiel de son esprit. Vous pouvez également apprendre à le faire et à devenir un génie ou, à tout le moins, à être plus près de le devenir. Lorsque l'on prend conscience de la puissance potentielle de notre esprit, c'est là que l'on sait comment devenir le meilleur de nous-même.

Pensez à tout ce que vous avez accompli jusqu'à présent dans votre vie et essayez d'imaginer que vous pourriez en accomplir le double et plus encore. Est-ce possible ?

Oui, il est relativement facile et rapide de doubler le pouvoir de votre esprit. Il suffit d'un peu de travail, de détermination et de persévérance pour en augmenter et même en décupler la puissance. Ce petit livre vous montrera comment y parvenir.

La démarche ne présente qu'une seule limite : celle que nous nous imposons. Si nous ne croyons pas pouvoir atteindre un certain niveau, nous n'y parviendrons pas. Notre façon de penser est un facteur déterminant dans ce que nous pouvons accomplir.

Par contre, lorsque nous avons la conviction de pouvoir repousser les limites de notre esprit, c'est à ce moment que nous commençons à en augmenter le pouvoir et que nous allons au-delà de nous-même. Notre façon de penser est un facteur déterminant dans ce qu'il nous est possible d'accomplir.

Je le répète : la seule différence entre un génie et vous, c'est que le génie a appris à exploiter dans une plus grande proportion le potentiel de son esprit et qu'il l'utilise d'une manière différente. Gravez cette affirmation dans votre esprit, car c'est une vérité ; de vous l'approprier vous propulsera à étendre le pouvoir de votre esprit.

Selon les experts, la majorité des gens utilise à peine 1 à 2 pour cent de leurs capacités mentales durant toute leur vie, la moyenne se rapprochant plus du 1 pour cent que du 2 pour cent. Ils estiment également que, dans les meilleurs cas, les surdoués ou les génies n'exploitent que 10 pour cent de leur potentiel intellectuel.

Si vous apprenez à augmenter votre puissance mentale ne serait-ce que de 1 pour cent, cela représenterait le double de que ce que vous exploitez actuellement. Si vous atteignez 10 pour cent, cela ferait de vous un génie. C'est loin d'être impossible. Nous avons tous la capacité d'améliorer d'au moins 1 pour cent notre puissance mentale. Les récompenses qui découlent de cet effort relativement peu exigeant sont phénoménales.

Depuis sa présence sur terre, voilà des milliers d'années, l'humain a fait des progrès extraordinaires. Il est d'autant plus extraordinaire de constater que tous ces progrès ont été accomplis par une majorité de gens qui n'utilisaient que 1 à 2 pour cent de leur potentiel, avec l'aide ponctuelle d'un nombre considérablement moindre de surdoués qui n'en utilisaient pas plus de 10 pour cent.

Nous pouvons prendre le téléphone et communiquer instantanément avec une autre personne située à l'autre bout de la planète.

Des avancées sans précédent ont été réalisées dans le domaine médical ; les organes vitaux peuvent être transplantés d'une personne à une autre ; il existe maintenant des vaccins contre une panoplie de maladies. La liste de tout ce qui est possible aujourd'hui en médecine nous dépasse.

L'homme a marché sur la Lune, a exploré les profondeurs des océans et a volé dans tous les recoins de notre monde.

Dans toutes les sphères de la vie humaine, il y a eu des découvertes et des avancées tellement extraordinaires qu'à chaque époque de leur réalisation, les gens les croyaient impossibles. Avant le XVIIᵉ siècle, les scientifiques et les médecins ne pensaient pas que le sang circulait dans le corps humain. C'était inconcevable de penser autrement. Le Dr William Harvey a causé toute une commotion dans le monde scientifique et médical de l'époque en prouvant le contraire et en transformant radicalement le concept tel qu'il était compris jusque-là. En utilisant un peu plus son pouvoir psychique que ses collègues, le Dr Harvey a permis une avancée exceptionnelle dans le domaine de la science médicale.

Et dire que tous ces progrès se sont accomplis avec seulement 1 à 2 pour cent du potentiel psy-

chique de l'humain et l'assistance de quelques surdoués qui en utilisaient 10 pour cent. Où en serions-
nous si l'ensemble des pouvoirs psychiques avait été
utilisé à 10 pour cent ? Et à 20 pour cent ? Ou plus
encore ? Les possibilités sont infinies.

Songez à vos propres possibilités quelques
instants et imaginez ce que pourrait entraîner dans
votre vie le fait de doubler le pouvoir de votre esprit.
En augmentant de 1 à 2 pour cent l'utilisation de
votre potentiel psychique, vous pourriez doubler
votre potentiel de revenus. Aimeriez-vous obtenir le
double de l'argent que vous gagnez actuellement ?

Vous avez peut-être déjà pensé écrire des histoires, des articles ou des livres, mais ce projet ne
s'est jamais concrétisé. Doubler le pouvoir de votre
esprit peut faire la différence entre être un auteur
publié et être un aspirant auteur. C'est ce qui m'est
arrivé.

Vous aimeriez être plus conscient de tout ce qui
arrive et de ce qui arrivera dans le futur ? Vous aimeriez accroître votre niveau de conscience et de com-
préhension ? Aimeriez-vous augmenter votre estime
de soi et votre confiance en vous ?

Que pourriez-vous accomplir si vous pouviez
apprendre plus, et ce, plus rapidement ? Que signi-
fierait pour vous le fait de contrôler 100 pour cent
de tous les aspects de votre vie en tout temps, que
ce soit mentalement, spirituellement, physiquement, psychiquement et émotionnellement ?

La clé pour y arriver réside dans votre capacité à
utiliser votre esprit de façon plus efficace. Si vous

apprenez à développer votre esprit dans toute sa potentialité, le pouvoir de ce dernier vous permettra d'accomplir tout ce que vous souhaitez. Même en ne développant que quelques points de pourcentage de plus que ce que vous possédez actuellement, votre pouvoir psychique vous ouvrira les portes à tout un monde de possibilités et de réussites.

Nous entrons maintenant dans le vif du sujet.

J'aime prendre l'image de la « mine d'or » pour illustrer le concept. Si vous possédiez une parcelle de terre sur laquelle se trouverait un énorme gisement d'or pur, vous seriez potentiellement riche au-delà de vos rêves les plus fous, n'est-ce pas ? Le mot clé ici est « potentiellement », car tout cet or ne met aucun argent dans vos poches tant que vous n'exploitez pas le gisement pour en tirer le précieux métal. En d'autres mots, vous devez extraire l'or du sol pour en obtenir quelque valeur que ce soit. Plus les efforts investis sont importants, plus vous augmentez la quantité d'or extraite et plus vous en tirez des bénéfices. C'est la seule façon d'exploiter une mine d'or.

Parlons maintenant des trésors de l'esprit.

Votre esprit renferme un gisement de richesses toutes aussi précieuses que l'or, mais d'une autre nature que celle qui sert à faire des bijoux. Cette richesse est d'une bien plus grande valeur que l'or que l'on trouve en terre. Il s'agit d'une « puissance brute » qui, lorsqu'elle est utilisée correctement, peut vous offrir tout ce que vous voulez dans la vie. De plus, contrairement au gisement d'or qui s'épuisera éventuellement, cette puissance est une ressource illimitée qui ne se tarira jamais.

Arrêtez-vous et réfléchissez à la question un moment. À votre naissance, vous avez reçu gratuitement ces richesses, cette puissance brute infinie. Vous vous en êtes servi automatiquement en petites quantités pour apprendre à marcher, à manger, à parler, à penser, etc. Maintenant adulte, vous n'avez utilisé qu'à peine 1 à 2 pour cent de votre richesse.

Pourquoi ? Parce que vous n'avez pas encore exploité votre « gisement ». De la même façon qu'on extrait l'or de la mine pour en retirer un bénéfice, des efforts et du travail sont requis pour extraire la puissance brute de votre esprit et en retirer les bienfaits. Relisez la phrase précédente et gravez-la dans votre mémoire, car elle représente la clé pour ouvrir la porte à tout ce que vous pouvez potentiellement devenir.

Les questions suivantes s'imposent en toute logique : « Comment fait-on pour exploiter le trésor brut dont recèle votre esprit pour ensuite en profiter ? » et « Que faire avec ce pouvoir une fois que j'ai réussi à l'extraire ? »

Vous trouverez différentes réponses à ces questions dans ce qui suit.

QUELQUES EXEMPLES

Dans un premier temps, laissez-moi vous raconter une histoire qui illustre bien la différence que peut entraîner une légère expansion de votre potentiel. Il s'agit de trois camionneurs confrontés au même problème.

Camionneur #1 : se situe légèrement en deçà de la moyenne d'utilisation du pouvoir psychique, car il ne s'est jamais donné la peine de le développer.

Camionneur #2 : se situe dans la moyenne, car, un peu par hasard, il a appris par essai et erreur comment utiliser son pouvoir de façon plus efficace.

Camionneur #3 : se situe légèrement au-dessus de la moyenne, car il a lu récemment un livre sur le sujet et a commencé à mettre en pratique les techniques pour faire croître son pouvoir psychique.

Voici la situation à laquelle chacun a dû faire face : dans la remorque du camion se trouve un lot de marchandises qui doit être livré à un entrepôt avant l'heure de fermeture, soit 17h. À 16 h 30, le camionneur est à environ 1.5 km de la destination lorsqu'il voit un panneau de signalisation indiquant un passage souterrain qui spécifie « Hauteur maximale 13 pi 10 po ou 4,21 mètres. Les camions qui dépassent cette hauteur sont interdits de passage ».

Le camion fait 13 pi 10 ½ po, soit ½ pouce de trop ou 1,27 cm. Si le camionneur ne livre pas la marchandise avant l'heure de fermeture, il devra passer la nuit dans son camion jusqu'au lendemain matin et attendre l'ouverture de l'entrepôt à 8h. Aucun des camionneurs ne veut dormir dans le camion, ils veulent tous retourner à la maison.

Le camionneur n° 1 (celui dont le pouvoir n'est pas développé et qui se situe sous la moyenne) immobilise son camion et lit le panneau. Ça l'embête au plus haut point de ne pouvoir faire ce qu'il veut. « Ils ne m'empêcheront pas de faire ma livraison ! », jure-t-il très fort. Il regarde autour de lui attentivement ; personne en vue. « Bon, personne ne peut me voir enfreindre la loi », se dit-il. Il embraye alors le bras de vitesse du camion et appuie sur l'accélérateur pour traverser à toute vitesse le passage souterrain. Ce qui devait arriver arriva, parvenu à la moitié du passage, après avoir arraché près d'un demi-pouce du toit de la remorque dans sa lancée, le voilà coincé. Il devra attendre très, très longtemps avant d'être sorti du pétrin. La solution adoptée par ce camionneur est tout à fait inacceptable.

Le camionneur n° 2 (celui possédant un pouvoir psychique dans la moyenne et qui a pu apprendre et progresser un peu par lui-même) s'arrête et lit le panneau. Il sort une carte routière pour trouver un autre itinéraire. Il en existe bien un, mais il devra mettre une heure de plus pour se rendre à l'entrepôt, donc trop tard pour lui éviter de dormir dans son camion. Il accepte son sort et fait demi-tour avec précaution pour emprunter la nouvelle route.

La solution adoptée par le camionneur n° 2 est acceptable. Il pourra effectuer sa livraison, mais une journée plus tard que prévu. Mieux vaut tard que jamais.

Le camionneur n° 3 (celui qui avait récemment lu un livre sur le sujet et qui avait commencé à apprendre les techniques pour faire croître le pouvoir de son esprit) s'arrête et lit le panneau. Il demeure assis dans son camion, ferme les yeux et se détend. Il se représente la situation. Avec les yeux de son esprit, il voit le passage souterrain et son camion qui fait un demi-pouce de trop en hauteur. Mentalement, il demande à son esprit de lui fournir la meilleure solution à ce problème. Il voit alors son camion qui rétrécit d'un peu plus d'un demi-pouce, ce qui lui permet de traverser le passage de façon sécuritaire. Il demande alors : « Comment est-ce possible ? », et son esprit lui donne la réponse : « Il suffit de dégonfler légèrement les pneus du camion ».

Le camionneur n° 3 sort donc du camion et fait sortir un peu d'air des pneus, juste assez pour permettre à son camion de passer sans encombre. Il reste suffisamment d'air dans les pneus pour mener la livraison prudemment sur le dernier kilomètre et demi jusqu'à l'entrepôt, où il pourra gonfler ses pneus au niveau requis.

Ce dernier camionneur a permis à son esprit de prendre l'espace nécessaire afin d'obtenir la solution gagnante pour se sortir de la situation avec succès. Il a pu effectuer la livraison à temps pour ensuite retourner chez lui.

Les différents niveaux jusqu'où chacun a pu déployer sa puissance psychique constituent la seule

différence entre ces trois camionneurs. L'âge, l'éducation, le statut social et ainsi de suite, n'ont rien à y voir.

La population du monde peut être divisée en
trois groupes, chacun d'eux pouvant être représenté
par un des camionneurs. Le premier, comme le
camionneur n° 1, s'empêtre dans des situations,
perdant une heure, perdant le contrôle. Le suivant,
comme le camionneur n° 2, réussit à faire un travail
acceptable, bien que moyen, et s'en tire généralement bien grâce aux apprentissages tirés de leurs
expériences. Le dernier groupe, comme le camionneur n° 3, navigue à travers la vie en trouvant des
solutions aux problèmes, récolte des récompenses
avec aisance et efficacité. Ceci est presque toujours
dû au pouvoir de l'esprit.

Les personnes du troisième groupe sont souvent
perçues comme « chanceuses » ou « douées » par les
personnes des deux premiers.

Sam Levenson mentionne dans son livre *You Can
Say That Again, Sam!* que plus il mettait les efforts
pour obtenir quelque chose, plus il semblait avoir de
« chance ».

C'est ce qui arrive lorsque le pouvoir de notre
esprit prend de l'expansion. Plus on s'applique à travailler à étendre la portée de notre pouvoir, plus la
chance semble nous sourire et plus nous semblons
doués. Le résultat le plus important dans l'augmentation du pouvoir psychique est que vous trouvez
des solutions aux problèmes au lieu de les causer ou
d'en être les victimes.

Savoir résoudre des problèmes est une habileté

incontournable pour réussir dans la vie et augmenter votre puissance psychique est une excellente façon de l'améliorer.

Qu'a donc fait le camionneur n° 3 ? Il a pris le temps de se détendre, s'est fait une représentation mentale du problème et a demandé à son pouvoir psychique de trouver une solution. Tout simplement. Vous pouvez apprendre comment faire cela.

Il y a quelques années, j'étais au milieu d'un lac sur mon bateau à moteur quand soudainement je suis tombé et me suis frappé le menton sur le garde-corps en acier. L'entaille allait jusqu'à l'os. Aucune aide possible dans les environs immédiats. Je me suis aussitôt assis sur le garde-corps, j'ai fermé les yeux et j'ai refermé l'entaille avec mes doigts. Je me suis ensuite détendu et j'ai visualisé mon menton complètement guéri tout en commandant mentalement « Pas de saignements, pas de cicatrice, pas d'infection, pas de douleur, pas d'enflure » et je me suis guéri sur-le-champ. Vous pouvez apprendre comment faire cela.

Lorsque Dwight (Ike) Eisenhower était adolescent et vivait sur la ferme familiale située à Abilene au Kansas, il a fait une chute dans l'étable et s'est blessé sévèrement à un genou. Après deux jours, le genou avait enflé pour atteindre la taille d'un pamplemousse et une grave intoxication sanguine s'était déclarée. Le médecin de famille avait alors déclaré qu'une amputation de la jambe était nécessaire sinon Dwight mourrait.

Le rêve de Dwight était d'aller à l'académie

militaire et de faire carrière dans l'armée ; de perdre sa jambe détruirait son vœu le plus cher. Il s'est donc enfermé dans sa chambre et son frère ainé, Edgar, avec lequel il avait fait la promesse solennelle d'être toujours là un pour l'autre, gardait la porte de la chambre afin que nul ne puisse l'amputer. Dans son esprit, Dwight a refusé la défaite ; il préférait mourir plutôt que d'être amputé. Pendant deux jours, Edgar a surveillé la porte de la chambre, prenant ses repas dans le corridor et dormant de façon intermittente, adossé à la porte. Il ne quittait son poste que brièvement, lorsque la nature l'exigeait.

Dans la chambre, Dwight souffrait le martyre. La fièvre le consumait et il oscillait entre la conscience et l'inconscience. Dans ses états de conscience, il se visualisait mentalement en santé, courant, marchant, travaillant. Son entêtement n'a jamais cédé malgré l'infection mortelle.

La fièvre est finalement tombée après deux jours et l'enflure s'est estompée. Il allait mieux.

Dwight (Ike) Eisenhower était un expert dans l'utilisation de la puissance de son esprit et on ne peut que constater tout ce qu'il a accompli par la suite dans l'histoire. Vous pouvez apprendre comment faire cela également.

Thomas Edison était un grand fervent de la relaxation à laquelle il allouait régulièrement plus ou moins quinze minutes par jour afin de permettre à son esprit de l'alimenter en nouvelles idées. Personne ne lui avait enseigné cette technique. Il le faisait de façon instinctive, car il savait que ça fonctionnait. Selon les différentes biographies qui ont été écrites sur lui, on apprend qu'il avait reçu une éducation formelle d'environ trois mois, ou qu'il avait atteint la 6e année. Ce qu'il faut retenir ici c'est qu'il n'a pas fréquenté l'école très longtemps.

Ses professeurs le considéraient comme un être simple et ne croyaient pas qu'il irait tellement loin dans la vie. La base de leur jugement se fondait sur leur conception rigide de la « normalité ». Ils étaient fermés d'esprit et ignorants.

À l'âge de 12 ans, Edison avait lu presque tous les livres de la bibliothèque publique. Il savait comment penser et comment résoudre des problèmes. C'était un surdoué, un solutionniste.

Thomas Edison a littéralement éclairé le monde. Lorsqu'il est mort en 1931, il avait à son actif au-delà de 1000 brevets enregistrés pour une multitude d'inventions qui, encore aujourd'hui, continuent d'enrichir nos vies à tous ; l'ampoule électrique et le phonographe, pour ne nommer que celles-là.

L'éducation formelle n'a rien à voir avec l'utilisation du pouvoir psychique pour résoudre des problèmes. Le pouvoir existe déjà dans votre esprit, il suffit d'apprendre à le déployer.

Comparons les deux exemples précédents. Dwight Eisenhower, éduqué à l'Académie militaire américaine de West Point ; Thomas Edison, très brève éducation formelle. Les deux sont des génies. Les deux sont des solutionnistes. Ils ont tous les deux également mis le pouvoir de leur esprit à contribution dans leur démarche de résolution de problèmes. Chacun à leur manière, ils ont énormément contribué au progrès de l'humanité.

Parmi d'autres grands scientifiques de l'histoire, il y a également Marie Curie, qui a dû se battre contre des préjugés profondément enracinés à l'égard des femmes pour finalement obtenir le prix Nobel, deux fois plutôt qu'une, en physique et en chimie. Elle est un excellent exemple de l'axiome français : « Cinquante mille personnes ne peuvent l'emporter sur un (une) Français (Française) qui refuse de céder ». Bien sûr, Marie Curie était d'origine polonaise, mais elle avait également la nationalité française. Elle aussi était un génie, une solutionniste, une personne qui savait utiliser son pouvoir psychique de manière plus importante que la moyenne des gens et qui le mettait à profit d'une façon toute particulière.

Lorsqu'on s'arrête pour y penser quelques instants, on pourrait facilement dresser une longue liste de personnes qui ont appris à déployer leur puissance psychique à un plus haut niveau.

Il y a ensuite tous ces avatars qui se sont manifestés depuis les débuts de l'histoire humaine et qui ont démontré un pouvoir psychique immensément supérieur à celui du simple génie. On pense ici à Jésus, Krishna, Vishnu, Siddhârta (Bouddha) et autres personnages de cette envergure qui ont atteint un niveau de développement psychique extraordinaire.

À ce stade-ci de notre parcours, nous n'avons pas à envisager le même niveau que ces avatars ; nous en aurons peut-être la possibilité dans une éventuelle réincarnation qui pourrait avoir lieu dans le futur. Pour l'instant, nous nous contenterons de travailler sur l'augmentation de notre pouvoir psychique de quelques points de plus.

Je le répète, la seule différence entre un génie et vous, c'est que le génie a appris à exploiter dans une plus grande proportion le potentiel de son esprit et qu'il l'utilise d'une manière différente.

Tous les livres que j'ai écrits portent, dans une certaine mesure, sur des techniques pour élargir le potentiel de l'esprit et sur son utilisation : auto-hypnose, capacité psychique, bâtir des ponts vers l'avenir, le discours intérieur, l'astrologie, etc. Mon approche n'est pas la seule qui existe, mais c'en est une qui fonctionne.

Au fond, augmenter le pouvoir de l'esprit c'est simplement améliorer et renforcer l'estime de soi et la confiance en soi, apprendre à se détendre et à faire de la visualisation mentale. C'est aussi apprendre à ne pas se laisser intimider par les autres ou par les événements, de conserver l'esprit ouvert à toutes les possibilités et finalement apprendre à déployer le pouvoir psychique qui est en nous.

Un esprit dont on a déjà étendu la portée pour répondre à un besoin ou pour trouver de nouvelles idées ne reviendra jamais à sa dimension initiale.

COMMENT DÉVELOPPER TOUS
LES POUVOIRS DE VOTRE ESPRIT

Il faut faire preuve de beaucoup de patience pour développer toute habileté, s'y exercer assidument et l'affiner jusqu'à la perfection.

Tout grand athlète s'exerce et pratique son sport quotidiennement afin de bien préparer son corps. Ce n'est pas en frappant un sac d'entraînement deux heures par jour pendant une semaine seulement que Joe Louis est devenu l'un des boxeurs poids lourds les plus célèbres de tous les temps. Il s'est entraîné à plein temps, tous les jours, en pratiquant différents exercices; il en a récolté les bénéfices.

Les musiciens professionnels jouent de leur instrument constamment afin de maintenir leur haut niveau de compétence.

De la même façon, développer votre pouvoir psychique en effectuant quelques exercices mentaux tous les jours pendant seulement une semaine ne vous transformera pas en un puissant expert de l'esprit. Il faut y travailler tous les jours à plein temps, pour le reste de votre vie.

Selon moi, il existe deux raisons principales pour lesquelles la majorité des gens ne développent pas leur potentiel psychique. La première, c'est qu'ils ne veulent pas mettre le temps nécessaire pour discipliner leur esprit d'une façon régulière et la deuxième, ils ne savent pas vraiment comment procéder.

Ils savent comment entraîner leur corps, mais pas

leur esprit. Dans ce petit livre, vous trouverez des indications sur la marche à suivre pour exercer votre esprit.

Trouver le temps pour entraîner votre esprit est beaucoup plus facile que pour vous entraîner physiquement. Les exercices physiques exigent de consacrer une période de temps importante quotidiennement ; généralement plusieurs heures exclusivement réservées à cette activité.

Les exercices mentaux peuvent se faire sur plusieurs petites périodes de temps, quelques minutes ici et là, et ne vous empêchent pas de faire une autre activité en même temps. Vous pouvez exercer votre esprit tout en conduisant votre voiture, couché dans votre lit avant de dormir, dans une salle d'attente avant un rendez-vous, pendant votre heure de dîner, en faisant une promenade ou encore, en prenant un bain relaxant (personnellement, c'est mon endroit préféré). Pour les exercices un peu plus exigeants tels que l'autohypnose ou la méditation, il suffit de réserver en moyenne de 15 à 20 minutes de votre temps. J'utilise le temps passé sur le trône de la salle de bain pour faire mes exercices mentaux.

La beauté de ce type d'exercices mentaux c'est que vous pouvez les faire n'importe où, n'importe quand. Vous n'avez pas à revêtir d'uniforme, à vous déplacer au gymnase ou à un autre endroit. Votre esprit vous accompagne toujours où que vous soyez, toujours prêt à être utilisé.

Lorsque vous aurez pris l'habitude d'exploiter votre esprit, vous constaterez que vous pouvez facilement passer en mode « exercices » tout au long de la journée, même en effectuant d'autres tâches simultanément.

Préparez-vous maintenant à modifier votre esprit de façon permanente et spectaculaire si vous voulez faire croître le potentiel inné de votre esprit et ainsi, améliorer votre vie.

Si vous exercez un tant soit peu votre esprit, vous obtiendrez une amélioration limitée.

Si vous vous exercez d'une façon aléatoire, vous obtiendrez des résultats aléatoires.

Si vous faites les exercices assidument, d'une manière disciplinée, en vous réservant une période de temps déterminée chaque jour, vous obtiendrez des avantages, des réussites et du pouvoir au-delà de tout ce que vous pouvez imaginer.

Vous pouvez également choisir de ne pas exercer votre esprit du tout et demeurer tel que vous êtes actuellement, sans avantages, ni pouvoirs supplémentaires, ni plaisirs; une existence banale et monotone. Le choix vous appartient.

Je vais maintenant vous présenter certaines choses à faire afin d'élargir la portée du pouvoir de votre esprit et aussi vous permettre de prendre conscience de l'immense potentiel que vous possédez. Gardez à l'esprit que ce petit livre n'a pas la prétention de vous offrir un cours complet sur le développement ultime du pouvoir de l'esprit. Vous y trouverez cependant toutes les informations et les recommandations nécessaires pour guider vos premiers pas dans votre démarche personnelle.

Considérez ce livret comme une carte routière ; vous avez l'entière liberté de faire le voyage ou non.

ATTITUDE

L'élément essentiel lorsqu'on prépare un voyage en auto, c'est d'avoir un véhicule en bonne condition. L'élément essentiel lorsqu'on prépare un voyage spirituel c'est d'avoir l'attitude adéquate. L'attitude vous sert de véhicule tout au long de la vie, que vous en ayez conscience ou pas.

Avec une attitude positive, le voyage de votre vie sera heureux et rempli de succès. Avec une attitude négative, vous ferez un mauvais voyage.

On pourrait écrire un livre entier exclusivement sur l'attitude, mais pour les besoins de la cause ici, nous n'aborderons que l'aspect de l'attitude qui touche au développement du pouvoir de l'esprit.

Vous devez absolument adopter l'attitude « je suis capable » si vous souhaitez augmenter le pouvoir de votre esprit et en étendre la portée. Les mots « je ne suis pas capable » doivent disparaître de vos pensées, de vos écrits et de vos paroles, car ce sont les mots les plus destructeurs et les plus restrictifs de tout langage.

Si vous pensez, « je ne suis pas capable », vous programmez automatiquement votre subconscient à l'échec.

Si vous pensez « je suis capable », vous le programmez automatiquement pour la réussite.

Commencez dès maintenant à adopter l'attitude « je peux ». Soyez attentif à ce que vous pensez et à ce que vous dites. Chaque fois que se présente un « je ne peux pas », en paroles ou en pensées, vous devez enclencher un signal « annuler » pour enrayer tout de suite ces propos et reformuler en « je peux ». Si, par exemple, quelqu'un vous demande si vous skiez et que vous vous apprêtez à répondre « je ne peux pas », ayez le réflexe de penser « annuler » et reprenez-vous immédiatement en supprimant ces mots de votre esprit et en reformulant la réponse de la façon suivante : « Je n'ai pas appris à skier, mais je le pourrais si je voulais. »

Un peu plus loin, nous verrons comment l'auto-hypnose peut s'avérer un excellent outil pour développer une attitude de type « je peux ».

La raison pour laquelle je vous demande de penser « annuler » chaque fois que vous utilisez une phrase du type « je ne peux pas », c'est pour signifier à votre subconscient que vous n'êtes pas ce genre de personne et que vous ne voulez pas le devenir non plus.

L'attitude positive « je peux » est essentielle dans votre démarche pour augmenter le pouvoir de votre esprit, car elle vous permettra d'accomplir des choses extraordinaires seulement si vous croyez avec conviction que vous pouvez les accomplir. Par exemple : résoudre tout problème qui peut se présenter dans votre vie ; vous guérir vous-même (comme démontré dans deux exemples précédemment) ; développer votre pouvoir télépathique ; pratiquer toutes sortes d'habiletés psychiques si vous désirez aller plus loin ; augmenter vos revenus ; apprendre plus rapidement ; etc.

Nikola Tesla possédait des pouvoirs psychiques qui lui permettaient de visualiser mentalement des choses qui n'existaient pas encore, et de les créer. Dans son esprit, il a pu voir l'image d'un générateur de courant alternatif ; il a ensuite pu le concevoir sans plans et sans instructions. À cette époque, personne n'avait entendu parler ni même émis l'idée d'un tel concept. De nos jours, ce type de générateur fournit l'électricité nécessaire aux résidences, aux entreprises et aux usines partout dans le monde. Sans cette invention, le monde que l'on connaît aujourd'hui ne serait pas ce qu'il est. Cet exemple est une illustration éloquente de tout ce que l'on peut accomplir grâce au pouvoir de l'esprit lorsqu'il est utilisé au-delà de ses limites habituelles.

L'attitude que l'on adopte reflète notre façon de penser. Notre pensée forge ce que nous sommes. En d'autres mots, vous êtes (ou vous devenez) ce que vous pensez. Vous créez votre propre réalité. Il est donc temps de changer votre façon de penser pour des « je suis capable ! »

AMÉLIORATION DE LA MÉMOIRE

Travailler à l'amélioration de votre mémoire peut vous mener encore plus loin dans le développement du pouvoir de votre esprit. C'est une excellente façon d'entraîner votre esprit et de plus, cela permet d'avancer plus facilement et plus rapidement dans la démarche, surtout si vous combinez des exercices pour la mémoire à des exercices plus spécifiques au développement de votre esprit.

En fait, on pourrait faire la comparaison suivante : sauter à la corde une heure par jour ne transformera pas un homme en un puissant boxeur, mais si cet exercice est combiné avec le sac de boxe, la course, le combat d'entraînement et tout autre exercice requis pour l'entraînement du boxeur, les résultats seront encore plus probants.

Je vous recommande d'entreprendre l'entraînement de votre esprit en commençant par des exercices de mémorisation. Si vous faites une liste d'épicerie, au lieu de l'écrire, mémorisez-la. Au début, vous pouvez prendre la liste écrite avec vous, mais évitez de la consulter. Allez-y de mémoire. Avant de vous présenter à la caisse, comparez le contenu de votre panier avec les éléments de votre liste. Si vous avez oublié quelque chose, vous avez toujours le temps d'aller le chercher. Soyez indulgent avec vous-même si vous ne réussissez pas l'exercice parfaitement les premières fois. Si vous faites du bon travail, félicitez-vous. Après quelque temps, laissez la liste à la maison. Ainsi votre esprit aura un peu plus de pression pour garder en mémoire les éléments à acheter.

Prenez l'habitude de mémoriser les choses simplement pour le plaisir. Il peut s'agir d'un poème, de citations célèbres, du préambule de la Constitution des États-Unis, des noms des présidents américains, des passages de la Bible ou d'un autre livre favori. Peu importe, l'important est de choisir des choses qui vous intéressent et de les mémoriser. De temps à autre, révisez ce que vous avez appris en vous les répétant à voix haute et continuez à emmagasiner de plus en plus de choses en mémoire.

J'ai toujours adoré apprendre à mémoriser des choses. Enfant, j'avais appris le poème *Gunga Din* de Rudyard Kipling, constitué de 84 vers, tout simplement parce qu'il me plaisait.

Le répertoire d'informations que j'ai mémorisées est considérable. En tant qu'hypnothérapeute professionnel, j'ai dû mémoriser des douzaines de longues procédures d'hypnose. J'ai déjà dirigé, seulement de mémoire, un atelier de cinq heures. Voici quelques exemples de ce que j'ai conservé en mémoire : la Déclaration d'indépendance, des douzaines de poèmes et de citations, les présidents des États-Unis en ordre, le 23e psaume, Ecclésiastes 3 : 1-8 (« Il y a une saison pour chaque chose [...] ») et d'autres passages bibliques, plusieurs passages des œuvres de Shakespeare. J'ai donné des séminaires sur la mémoire et j'ai présenté des démonstrations de mémorisation.

La mémoire est un outil amusant et stimulant. Lorsqu'on l'exerce en combinaison avec d'autres exercices plus spécifiques à l'expansion psychique, on en retire de grands avantages et l'esprit ne peut qu'élargir la portée de son action.

Voici un exercice de mémorisation relativement

facile pour débuter. Apprenez à le mémoriser aujourd'hui et vous aurez en mémoire quelque chose que peu de gens possèdent :

> Je ne serai de ce monde qu'une seule fois.
> Alors, tout le bien que je pourrais apporter
> Ou toute gentillesse que je pourrais
> démontrer
> À tout humain, laissez-m'en le temps
> Ne me laissez pas différer ou négliger,
> Car je ne serai de ce monde qu'une
> seule fois.

OUVREZ VOTRE ESPRIT À TOUTES LES POSSIBILITÉS

Cette étape est cruciale ! Vous pouvez grandement élargir votre conscience et vous pouvez réclamer les trésors de votre esprit par le simple fait d'ouvrir la voie aux idées nouvelles ou encore à celles qui semblent tout à fait impossibles. Vous devez cultiver une ouverture d'esprit vis-à-vis de tout. Bien évidemment, il s'agit aussi de se départir de nos préjugés. Un esprit fermé ne peut progresser.

Dr Harvey avait embrassé l'idée, qui semblait pourtant farfelue à l'époque, que le sang circulait dans l'ensemble du corps humain, idée qui révolutionna la médecine.

Eisenhower a cru qu'il pouvait se guérir lui-même d'un empoisonnement du sang, et il réussit.

Edison fut le créateur de mille inventions que

personne n'aurait cru possible de réaliser.

Marie Curie défia la pensée scientifique domi-
nante de son époque et découvrit un nouvel
élément : le radium.

Moi-même, j'ai cru que je pouvais écrire des livres,
des articles, des histoires et que je pouvais obtenir du
succès comme auteur, et c'est ce que j'ai fait.

Si vous croyez que vous pouvez faire quelque
chose et que vous vous appliquez avec ardeur, vous
pouvez, vous aussi, réaliser vos rêves. Il suffit
d'ouvrir son esprit à l'idée en question, au rêve, à ce
qui semble impossible.

Il n'y a rien de mal à croire ou à ne pas croire
en quelque chose une fois qu'on a pris le temps
d'approfondir une question et de se faire une idée
propre de ce dont il s'agit. C'est ainsi que les choses
devraient être.

Malheureusement, beaucoup de personnes
croient (ou encore, ne croient pas) en certaines
choses par ignorance ou encore parce que leurs
parents ou leurs pairs n'y croient pas. C'est très
dommage parce que cette attitude ferme l'esprit aux
possibilités de l'univers et empêche l'épanouissement des pouvoirs de l'esprit.

Combien de fois entend-on des affirmations telles
que « Tous les Républicains (ou tous les Démo-
crates) sont... je vous laisse le soin de compléter
l'insulte » ? Quand il s'agit de religion, la plupart des
gens tendent à être fermés d'esprit. Ils disent : « Ma
religion, ma façon de penser, sont les seules bonnes
façons. »

Quelle tristesse que nous ne prenions pas un peu de temps pour prendre connaissance avec un esprit ouvert des façons de penser des autres ! Découvrez ce à quoi ils croient, et pourquoi ils y croient. Cela ne veut pas dire qu'il faut se convertir à leurs façons de penser, cela veut simplement dire qu'il faut accepter qu'il y a une façon de penser qui est juste pour nous-même à un moment donné, et qu'il y en a une autre qui est juste pour l'autre à ce moment. Il est possible que, plus tard, chacun choisisse librement de croire à autre chose que ce à quoi il croit en ce moment. C'est tout. Quand nous pensons de cette manière, nous permettons à notre conscience de s'ouvrir et nous pouvons accepter de nouvelles idées. Si nous ne le faisons pas, nous sommes voués à faire stagner notre esprit et nous ne pourrons pas accroître le pouvoir mental si essentiel à notre épanouissement et à notre enrichissement.

Je vous propose maintenant sept possibilités pour lesquelles bien des personnes sont communément fermées d'esprit. J'aimerais que vous fassiez des recherches à propos de quelques-unes de ces possibilités (ou encore de toutes) afin d'élargir considérablement votre esprit. Mon intention n'est pas de vous convertir à ces croyances, mais plutôt de vous entraîner à rester ouvert d'esprit, à étendre le réseau de vos pensées puis de vous inviter à prendre vos propres décisions relativement à ces sujets.

C'est le processus de recherche avec un esprit ouvert qui permet d'accroître votre conscience, et non la conclusion à laquelle vous arrivez à la fin de vos enquêtes. Un élément à retenir quand vous voulez élargir votre esprit : ne vous fermez pas automatiquement à la possibilité d'une chose. Prenez le temps de toutes les considérer, même celles qui semblent impossibles.

Possibilité # 1 – La réincarnation. Votre premier réflexe pourrait être de répondre « Mais je n'y crois pas ! » Si vous choisissez de ne pas approfondir la question, vous inhibez votre propre capacité à appréhender la possibilité que la réincarnation existe et ainsi, vous restreignez votre capacité à faire grandir votre pouvoir mental.

Si vous décidez ne pas croire en la réincarnation une fois que vous y aurez accordé du temps de recherche sérieuse, c'est tout à fait acceptable. Le choix de vos conclusions vous appartient, mais au moins vous aurez fait l'expérience d'un exercice d'ouverture d'esprit et vous aurez appris quelque chose du même coup. Cette explication s'applique également à chacune des possibilités présentées ci-dessous.

Possibilité # 2 – L'astrologie. Fonctionne-t-elle ? Est-ce une approche valide ? De quoi en retourne-t-il ? Vous gagnerez à prendre le temps d'y réfléchir avant de poser votre jugement. Permettez à votre esprit d'explorer ces possibilités.

Possibilité # 3 – Les fantômes. Vérité ou bêtises ? Quelles en sont les preuves, si elles existent ?

Possibilité # 4 – Ovnis et extra-terrestres. Réalité ou fiction ? Faites vos recherches puis tirez-en vos propres conclusions. Il existe une multitude d'ouvrages sur ce sujet.

Possibilité # 5 – Dieu. Existe-Il ou non ?

Possibilité # 6 – La divination. Que dire de la lecture dans les feuilles de thé, les tirages au tarot, la chiromancie, les baguettes divinatoires (baguettes de sourcier), et autres ? La plupart des gens ne veulent pas croire à toutes ces choses. Il faut dire que la plupart des gens n'étendent pas leur pouvoir psychique. Peut-on y voir une corrélation ? Faites votre choix. Voulez-vous conserver le statu quo pour le restant de vos jours ou voulez vous étendre votre conscience pour accepter toutes les possibilités ? Creusez donc ces questions !

Possibilité # 7 – L'art de se parler à voix haute. Apprenez à vous parler à vous-même à voix haute pour faire croître le pouvoir de votre esprit.

Afin de vous donner des pistes pour vos propres recherches, il est question de ces sept sphères de possibilités dans une bibliographie en annexe. Ces sept possibilités ne forment que la pointe de l'iceberg en ce qui concerne toutes les possibilités auxquelles vous ferez face au cours de votre vie. Vous devez garder en tête qu'il vous faut rester ouvert à toutes les possibilités, que vous devez en fouiller les tenants et les aboutissants et puis que vous vous en fassiez votre propre idée.

Il m'importe peu que vous croyiez ou non à chacune des possibilités que je vous ai présentées une fois que vous les aurez étudiées en profondeur. Je ne m'intéresse qu'au parcours que doit faire votre esprit pour étudier ces questions. Je le répète, c'est le processus qui fait grandir le pouvoir de votre esprit.

AUTOHYPNOSE

L'autohypnose est un puissant outil pour développer l'esprit. Sans l'autohypnose, il est bien probable que le pouvoir de votre esprit ne puisse pas atteindre son plein potentiel.

Grâce à l'autohypnose, vous pouvez vous défaire de vos mauvaises habitudes, de vos pensées négatives et de vos pertes de temps. Vous pouvez créer de meilleures habitudes, rendre vos pensées plus positives et mieux gérer votre temps.

Vous pouvez aussi améliorer vos capacités d'apprentissage, accroître la vitesse à laquelle vous apprenez et repousser les limites de votre mémoire.

On peut aussi utiliser l'hypnose pour éliminer la douleur, accélérer la guérison, explorer le passé, le présent et le futur, favoriser la méditation, se fixer des objectifs, renforcer sa volonté, se départir de préjugés, améliorer ses capacités de visualisation, se rappeler de ses rêves et les interpréter, analyser et résoudre des problèmes, et beaucoup plus encore. L'hypnose vous donne les moyens d'entraîner votre esprit et d'étendre de façon remarquable ses capacités et ce, sous votre contrôle.

Voici un exercice simple :

Asseyez-vous puis fermez vos yeux.

Dans votre esprit, imaginez un tableau comme ceux qu'il y avait à l'école.

Sur le rebord du tableau, il y a de la craie et une brosse à effacer.

Dessinez sur le tableau un grand cercle.

Maintenant, inscrivez un « X » au centre du cercle.

Maintenant, effacez la lettre « X » sans effacer le cercle.

Effacez ensuite le cercle.

Ouvrez ensuite vos yeux et oubliez le tableau.

Faites cet exercice tout de suite, avant de poursuivre votre lecture. Faites-le donc quelques fois de suite, cela ne prend qu'un instant.

Très bien !

Si vous êtes capables de faire cet exercice simple, c'est que vous pouvez aisément vous placer vous-même sous hypnose et vous pouvez étendre votre esprit jusqu'où vous le désirez. Vous n'avez aucune limite autre que celles que vous vous fixez vous-même par un manque de confiance en vous ou par manque de pratique. Je peux vous tracer le chemin à prendre, mais vous devez faire le voyage vous-même, je ne puis le faire à votre place.

EXERCICE POUR RAVIVER VOTRE ESPRIT

De temps en temps, il nous arrive à tous de ressentir de la fatigue mentale. Le bruit de la journée, les petits tracas, les bouchons de circulation, les enfants, les impôts, les soucis financiers, une infection qu'on tente de combattre, le tourbillon de la vie, le stress au travail, à la maison, les stress de toutes sortes : tout cela devient parfois trop lourd et nos capacités mentales en souffrent. Parfois, c'est même souffrant de penser. Dans ces occasions, il faut savoir revigorer son esprit afin de se sentir à nouveau vivant et tirer le mieux de notre existence.

Voici un exercice simple et amusant qui ravivera la flamme de votre esprit, qui dissipera votre fatigue mentale et qui favorisera votre vitalité psychique. Cet exercice est également excellent pour repousser les limites de votre esprit. Je l'appelle l' « exercice des balles colorées ».

Avant d'entrer dans les détails, je vous expliquerai le concept derrière l'exercice pour que vous sachiez à quoi vous attendre.

Le concept :

Les yeux fermés, vous visualiserez une suite de sept balles de couleurs différentes qui traverseront votre image mentale de droite à gauche. Une à la fois, les balles de couleur apparaîtront à la droite de votre champ de vision mental et flotteront doucement vers la gauche, jusqu'à ce qu'elles aient atteint la limite gauche de votre champ de vision mental. Ces balles auront chacune une couleur spécifique et apparaîtront dans un ordre précis. À chaque couleur sont associées quelques réflexions sur lesquelles vous serez appelé à méditer le temps que la balle passe devant vos yeux. L'ensemble des couleurs et des pensées qui y sont associées est conçu pour vous rééquilibrer, pour détendre votre esprit et pour vous infuser une énergie psychique rafraîchissante.

Une fois que vous aurez laissé passer les balles de droite à gauche, vous les visualiserez passant de la gauche vers la droite en réfléchissant toujours aux pensées qui sont associées à chacune des couleurs.

Une séance à visualiser les balles défiler de droite à gauche et de gauche à droite consiste en une excellente mise au point psychique et suffit généralement à dissiper toute fatigue mentale. Vous pouvez toutefois répéter l'exercice aussi souvent que vous le voulez afin de vous ressourcer selon vos besoins. Si votre esprit est très fatigué, vous pouvez répéter plusieurs fois l'exercice. Vous le saurez quand vous vous serez suffisamment ressourcé.

Ne vous inquiétez pas si vous n'êtes pas capable de visualiser la couleur des balles, la capacité viendra éventuellement. Vous n'avez qu'à étiqueter les balles en fonction de leur couleur, « ROUGE » par exemple, lorsque vous réfléchissez aux pensées qui sont liées à la balle rouge.

Ne vous inquiétez pas non plus si vous n'arrivez

pas à visualiser quoique ce soit. Faites comme si vous voyiez les balles de couleur. Intellectuellement, vous savez à quoi ressemble une balle et à quoi ressemblent les couleurs, alors faites semblant de les voir dans votre esprit au moment où vous réfléchissez sur les pensées qui leur sont associées.

Plus vous pratiquerez cet exercice, plus vous étendrez votre esprit et ses capacités de visualisation et de réalisation. Celui qui visualise en noir et blanc apprendra à visualiser en couleurs ; celui qui n'arrive pas à visualiser apprendra à le faire ; celui qui sait visualiser en couleurs apprendra à voir de nouvelles couleurs et de nouvelles formes, et ainsi de suite.

Les pensées qui accompagnent les couleurs vous permettent de recréer l'harmonie, mentalement et spirituellement.

Vous pouvez faire un enregistrement audio de l'exercice afin de pouvoir l'écouter au moment de le mettre en pratique lorsque vous serez confortablement assis les yeux fermés. Ceci pourra vous aider à rester concentré sur l'exercice et à atteindre de meilleurs résultats.

L'exercice des balles de couleur

Asseyez-vous confortablement dans une chaise ou sur le sol, selon votre préférence. Fermez les yeux, prenez trois respirations profondes pour bien vous détendre.

Je voudrais que vous imaginiez qu'une balle rouge apparaît à la droite de votre champ de vision. Laissez cette balle flotter lentement vers la gauche en réfléchissant à ce qui suit : *Ressentez une énergie pure et chaude se répandre dans votre corps. Elle renouvelle votre force mentale et physique comme le soleil répand sa chaleur et sa force sur tous les êtres vivants.* Quand la balle rouge atteint l'extrémité gauche de votre champ de vision, laissez-la disparaître.

Maintenant, j'aimerais que vous imaginiez que la balle orange entre du côté droit de votre champ visuel. Laissez cette balle orange flotter doucement, lentement vers la gauche tout en méditant sur ce qui suit : *L'énergie chaude stimule chaque partie de votre corps. Ressentez les picotements. Remarquez comment votre esprit est détendu.* Quand la balle orange atteint l'extrémité gauche de votre champ de visualisation, laissez-la sortir.

Imaginez maintenant une balle jaune qui apparait à la droite de votre champ de vision mental. Laissez cette balle jaune flotter doucement, lentement, vers la gauche tout en méditant sur ce qui suit : *Vous avez l'esprit entièrement clair et il est prêt à relever de nouveaux défis créatifs.* Quand la balle jaune atteint le bord gauche de votre champ de vision imaginaire, laissez-la disparaître.

Je vous demande d'imaginer maintenant une balle verte entrant votre champ visuel par la droite. Laissez cette balle verte flotter doucement, lentement, vers la gauche tout en méditant sur ce qui suit : *Vous prenez de la maturité mentalement et spirituellement, à mesure qu'éclosent, à la chaleur de votre énergie retrouvée, les semences de votre créativité. Vous vous sentez heureux et accompli.* Laissez la balle verte sortir de votre champ de vision lorsqu'elle aura atteint la limite gauche.

Une balle bleue fait son entrée du côté droit de votre image mentale. Permettez à cette balle de flotter doucement, lentement vers la gauche pendant que vous réfléchissez à ce qui suit : *Vous vous sentez enveloppé par un sentiment de paix. Vous vous sentez confiant et protégé. Votre corps est en parfait équilibre.* Quand la balle bleue atteint le côté gauche de votre vision, laissez-la en sortir.

Maintenant, imaginez une balle indigo (un bleu très foncé) qui entre du côté droit de votre champ de vision. Permettez à la balle indigo de flotter doucement, lentement vers la gauche tout en réfléchissant à ce qui suit : *Vous approfondissez la conscience de vous-même, vous avez un grand respect pour vous-même et pour les autres.* Quand la balle indigo atteint le côté gauche de votre image mentale, laissez-la disparaître.

Je vous demande maintenant d'imaginer qu'une balle violette entre du côté droit de votre image mentale. Laissez la balle violette flotter doucement, lentement vers la gauche tout en méditant sur ce qui suit : *Vous êtes en présence de la conscience cosmique. Sentez l'amour vous emplir. Vous êtes dans un état de bénédiction et vous vous trouvez à l'abri des problèmes du monde matériel.* Quand la balle violette atteint l'extrémité gauche de votre champ de vision, permettez-lui d'en sortir.

Maintenant, recommencez l'exercice précédent en laissant les balles entrer du côté gauche de votre champ de vision, flotter doucement vers le côté droit, puis disparaître. Imaginez les mêmes couleurs de balles apparaissant dans la même séquence et qu'elles portent les mêmes réflexions.

Enfin, ouvrez vos yeux et reprenez vos activités, à moins que vous ne vouliez le recommencer encore.

Remarquez à quel point vous vous sentez mieux et comment votre esprit semble plus clair. Je recommande de pratiquer cet exercice fréquemment comme mise au point pendant votre apprentissage d'exercices psychiques plus complexes encore.

EXERCICE D'AUTOHYPNOSE POUR DÉVELOPPER VOTRE ESPRIT

L'exercice suivant est l'un des procédés les plus puissants d'autohypnose. Cet exercice vous permet de créer votre propre lieu intérieur, votre propre temple, où vous pouvez résoudre des problèmes, penser de façon créative, exercer votre mémoire, procéder à la guérison, rehausser votre estime et votre confiance en vous-même, améliorer vos aptitudes, pratiquement tout ce que vous désirez. Il s'agit d'un outil très puissant pour développer votre esprit. Quand vous aurez commencé à l'utiliser fréquemment, vous remarquerez de plus en plus de changements extraordinaires dans votre vie et dans vos capacités psychiques.

Imaginez maintenant que vous êtes au sommet d'un grand escalier en bois. Ressentez le tapis sous vos pieds. Le tapis peut être de la couleur et de la texture que vous désirez. Créez-le. Maintenant, étirez votre bras et touchez la rampe de votre main. Ressentez la douceur du bois poli sous vos doigts. Vous n'êtes qu'à dix marches de l'étage inférieur. L'escalier tourne très légèrement en descendant. Dans un instant vous descendrez l'escalier. À chaque pas vers le bas, vous vous détendrez de plus en plus. Quand vous aurez atteint l'étage inférieur, vous vous trouverez au plus profond de vous-même. Faites un premier pas, lentement, fluidement, aisément vers la neuvième marche. Ressentez-vous descendre. Descendez vers la huitième marche, plus profondément encore. Faites un pas encore vers la marche sept… puis six… cinq… quatre… trois… deux… un.

Vous vous trouvez maintenant à l'étage du bas. Il y a une porte devant vous. Tendez la main et ouvrez la porte. Vous êtes submergé par la lumière qui sort de la pièce qui s'ouvre devant vous. Traversez la porte et pénétrez dans la pièce, dans la lumière. Vous vous trouvez à l'intérieur de la pièce maintenant. Regardez autour de vous. Ceci est le lieu intérieur privé qui vous appartient et il peut être tout ce que vous désirez : il peut prendre la forme, la taille, les couleurs que vous voulez. Tout ce que vous désirez peut s'y trouver. Vous pouvez ajouter des choses, en retirer, les réorganiser. Vous pouvez le meubler de toutes sortes de façons, l'éclairer à votre goût, y poser des tableaux, y installer des tapis ou des fenêtres. Vous faites de ce lieu ce que vous désirez puisque c'est chez vous, votre lieu intérieur, privé à vous, où vous êtes entièrement libre. Libre de créer, libre d'être vous-même. Libre de faire ce que vous voulez. La lumière qui éclaire cette pièce est votre propre lumière intérieure. Ressentez cette lumière qui vous entoure complètement et qui illumine tous les magni-

fiques objets de votre lieu intérieur privé, qui vous illumine vous-même. Ressentez l'énergie de cette lumière. Laissez maintenant la lumière circuler dans tout votre corps, pénétrer chaque pore de votre peau, vous remplir entièrement, repousser tout doute, repousser toute peur et toute tension. Vous êtes rempli de cette lumière. Vous êtes cristallin et radieux et vous brillez grâce à la lumière de votre lieu intérieur personnel.

À partir de là, vous vous trouvez dans votre propre lieu intérieur et vous pouvez accomplir tout ce que vous désirez. Lorsque vous êtes prêts à ressortir de votre lieu intérieur, vous n'avez qu'à   ressortir par la porte où vous êtes entrés, remonter graduellement les dix marches de l'escalier, puis ouvrir les yeux.

Quand vous aurez effectivement parcouru l'exercice précédent pour une première fois et créé votre espace intérieur personnel, vous pouvez y retourner quand vous voulez. Vous n'avez qu'à fermer les yeux, redescendre les dix marches de l'escalier et traverser la porte lumineuse. Vous n'avez pas à recréer la pièce à chaque fois, à moins que vous ne désiriez y faire des changements.

Si vous vous installez dans un atelier pour exercer votre mémoire, vous pouvez ouvrir occasionnellement vos yeux pour consulter une feuille de notes ou un livre qui contient les renseignements que vous voulez mémoriser. Lorsque vous le faites, vous pouvez simplement vous dire : « Je vais ouvrir mes yeux un moment pour lire l'information que je souhaite retenir. Je reste dans cet état de conscience modifiée dans mon espace intérieur personnel même si j'ai les yeux ouverts. » Puis, ouvrez vos yeux et lisez une phrase ou deux. Refermez ensuite vos yeux (vous vous retrouverez dans votre espace intérieur privé) et visualisez ce que vous tentez de mémoriser ou encore répétez-vous les phrases. Vous pouvez poursuivre tant et aussi longtemps que vous le désirez.

Vous pouvez enregistrer cet exercice afin de pouvoir l'écouter pour vous aider dans votre exercice d'autohypnose et pour vous permettre de mieux vous concentrer.

LA MÉDITATION

La méditation est un autre élément fondamental à votre démarche, et elle s'apparente beaucoup à l'autohypnose. Si vous réussissez à vous autohypnotiser, vous pouvez méditer et l'inverse est aussi vrai.

La principale différence entre les deux est que la méditation s'utilise généralement pour détendre votre esprit afin de laisser votre esprit supérieur, votre Être, vous guider.

Il existe des dizaines de méthodes pour méditer. Pour commencer, on peut se servir d'une version légèrement différente de l'exercice des balles de couleur que nous avons décrit plus tôt.

Pratiquez l'exercice des balles de couleur comme nous l'avons indiqué. Laissez les balles rouge, orange, jaune, verte, bleue et indigo, ainsi que les pensées qui leur sont attribuées traverser votre esprit de droite à gauche successivement. Quand la balle violette apparaît à votre droite, laissez-la flotter vers la gauche et arrêtez-la lorsqu'elle arrive en plein centre du champ de vision mental.

Imaginez la balle violette grossir jusqu'à ce qu'elle vous enveloppe tout entier et que votre corps baigne dans sa belle lumière ultraviolette. Laissez la lumière spirituelle violette remplir votre corps entièrement, laissez-la chasser toutes vos peurs, tous vos doutes, toutes vos pensées négatives, toute haine. Laissez-la vous emplir d'amour, de confiance en vous, de sérénité et de pureté.

À ce moment, permettez à votre esprit de se concentrer sur une seule pensée : vous cherchez peut-être de l'aide, des renseignements, l'illumination ou tout simplement à développer vos pouvoirs.

Vous pouvez rester dans cet état aussi longtemps que vous le désirez. Vous le saurez quand il sera temps de dire « Merci » à votre être supérieur puis d'ouvrir les yeux et reprendre le cours de vos activités.

Voici quelques exemples de sujets sur lesquels méditer lorsque vous serez emplis de cette lumière violette. En vérité, les usages de l'état méditatif sont pratiquement infinis.

1. Vous avez été malade et vous cherchez à guérir. Vous vous visualisez comme étant guéri. Vous passez mentalement votre corps en revue et vous en bénissez et guérissez chaque partie. Mentalement, vous remplacez les parties de votre corps malades s'il y a

lieu. Par exemple, votre pied est infecté alors vous le remplacez par un pied parfaitement en santé.

2. Vous souhaitez aider quelqu'un d'autre qui a un trouble de santé. Visualisez-la et faites pour elle comme vous le feriez pour vous-même tel qu'indiqué à l'exemple précédent.

3. Vous souhaitez obtenir une meilleure connaissance ou une meilleure conscience de quelque chose de précis, par exemple, la réincarnation, votre raison de vivre, ce que vous avez besoin de savoir pour développer votre esprit, etc. Dans ce cas, vous posez votre question puis vous attendez que la réponse surgisse dans votre esprit. Il se peut que la réponse que vous cherchez se présente instantanément, mais cela peut aussi prendre un certain temps. Si vous n'obtenez rien en une dizaine de minutes, dites simplement « Merci » puis ouvrez les yeux. Votre réponse vous arrivera à un autre moment, ou d'une autre façon. Une fois, il m'est arrivé de recevoir la réponse à ma question deux semaines plus tard, dans une lettre qui m'avait été postée anonymement.

Ces trois exemples devraient suffire pour vous donner des idées sur la façon de vous servir à bon escient de l'état méditatif où vous êtes submergé par la lumière violette. Dites toujours « Merci » à votre être supérieur quand vous terminez votre séance. Ce précieux canal de communication pourrait se voir refermé par un manque d'appréciation de votre part.

La méditation est un outil puissant pour faire croître les pouvoirs de votre esprit.

EN RÉSUMÉ

Nous nous sommes intéressés à beaucoup de matière et nous avons survolé brièvement les points importants de ce vaste objet d'étude qu'est le potentiel de votre esprit.

Rappelons-nous ici les principaux éléments et tentons d'en tirer des conclusions.

• Vous êtes né avec un trésor de potentiel psychique brut dont vous n'avez appris à utiliser qu'un ou deux pour cent étant donné que vous n'avez pas fait les efforts pour l'exploiter.

• Si vous apprenez à utiliser une plus grande part de votre esprit, vous pourriez devenir un presque génie, un génie ou plus qu'un génie. Le potentiel est là. La seule différence entre vous-même et un génie est que le génie a appris à se servir d'une plus grande partie de son esprit.

• C'est la résolution des problèmes qui rend une vie réussie et en développant votre esprit, vous vous améliorerez dans ce sens.

• Plus vous travaillez à étendre le potentiel de votre esprit, plus vous semblerez chanceux et talentueux.

• L'un des plus grands avantages de faire évoluer vos pouvoirs de l'esprit, c'est que vous cesserez de créer des problèmes, que vous ne deviendrez plus victimes de ceux-ci : vous leur trouverez plutôt des solutions.

• Une éducation formelle n'a rien à voir avec le

potentiel de l'esprit. Le pouvoir se trouve déjà dans votre esprit, il ne vous reste qu'à apprendre à le déployer.

• Quoiqu'il soit possible, potentiellement, de devenir un avatar, au point où nous en sommes dans notre évolution, nous nous contenterons de faire croître notre pouvoir de quelques points de pourcentage.

• Vous pouvez développer votre esprit au moyen d'exercices d'hypnose et de techniques qui dépassent l'hypnose, en vous parlant à vous-même, en apprenant à bâtir des ponts vers le futur, en apprenant à garder l'esprit ouvert sur toutes possibilités et en se défaisant des préjugés.

• Un esprit fermé ne se développe pas.

• Plusieurs exercices pour faire croître le potentiel de l'esprit humain sont donnés dans ce livret.

• Un esprit qui s'est étendu pour accepter une nouvelle idée ne reprendra pas sa dimension d'avant.

• Les exercices mentaux peuvent être pratiqués en un instant, n'importe où et à n'importe quel moment. Ils ne prennent que quelques minutes, et parfois plus quand il s'agit d'exercices majeurs.

• Une attitude positive, de confiance en ses capacités est absolument essentielle pour développer les capacités de votre psyché.

• Votre attitude est le reflet de vos pensées. Vous devenez ce que vous pensez, quoi qu'il en soit.

• Vous pouvez développer votre esprit en développant votre mémoire.

• Si vous croyez véritablement que vous pouvez

faire quelque chose, et que vous vous appliquez à la tâche avec ardeur, vous y arriverez.

• Explorez des idées qui semblent peu probables ou impossibles. L'exploration elle-même vous permet d'améliorer les pouvoirs de votre esprit.

• Il vous faut apprendre l'hypnose et les techniques qui la dépassent (la méditation, notamment). Il s'agit d'outils fondamentaux pour développer votre pouvoir mental.

• Les lectures suggérées vous aideront à apprendre à libérer le pouvoir de votre esprit pour qu'il puisse prendre de l'ampleur et vous ouvrir la voie à de nouvelles opportunités.

• Grâce à ces lectures que nous vous recommandons, vous apprendrez une gamme de méthodes qui vous permettront de repousser les limites de votre esprit.

Vous feriez bien de relire ce livret plusieurs fois afin d'assimiler les détails qui se cachent derrière ces points importants.

Jusqu'ici, ce petit livre a pu répondre à l'une des deux questions posées dès le début : « Comme fait-on pour exploiter le trésor brut dont recèle votre esprit pour ensuite en profiter ? »

Pour répondre à la deuxième question posée précédemment, « Que faire avec ce pouvoir une fois que j'ai réussi à l'extraire ? », je vous en pose une autre.

Question : *Où s'assoit King Kong ?*

Réponse : *Là où il veut bien !*

Voilà votre réponse. Vous pouvez faire tout ce que

vous voulez avec les pouvoirs de l'esprit que vous avez su développer. Tout comme King Kong, vous n'avez aucune permission à demander.

Si vous utilisez ce livret pour vous guider sur le chemin que je vous ai tracé et que vous suivez mes recommandations, vous aurez en main un solide programme pour développer le plein potentiel de votre esprit.

Il ne s'agit pas d'un effort intense à déployer une seule fois. Accroître son potentiel psychique requiert du dévouement et de la persévérance. Les habiletés physiques s'améliorent à force d'exercices appropriés et de répétitions, il en est de même avec votre esprit.

Je ne dis pas que ma méthode de développement du potentiel psychique est la seule méthode efficace – il en existe d'autres. D'ailleurs, lorsque vous aurez commencé à explorer les possibilités, il se peut très bien que vous trouviez vos propres méthodes.

Ce que j'ai fait ici, c'est de vous montrer comment j'y suis arrivé pour que vous puissiez voir par vous-même comment le tout fonctionne.

ÉPILOGUE

Pour illustrer ce qui peut se produire lorsque vous repoussez les limites de votre esprit et lorsque vous gagnez en puissance psychique, j'aimerais vous raconter l'une de mes nombreuses expériences personnelles. Le récit qui suit est tiré de mon livre *Beyond Hypnosis* (ndt : *Au-delà de l'hypnose*).

De toutes les expériences que j'ai vécues qui ont un lien avec le développement de mes pouvoirs psychiques, celle-ci m'apparaît comme la plus extraordinaire.

Ma femme, Dee, travaillait à temps partiel comme démonstratrice de produits alimentaires pour des chaînes de distribution. Un jour, alors qu'elle travaillait, elle rencontra une femme qu'on appellera ici Nancy et dont le mari venait de recevoir la mauvaise nouvelle de son médecin qu'il n'avait plus que deux mois à vivre. Son mari, appelons-le Tom, avait une infection intraitable de l'intestin qui l'empoisonnait et qui finirait par le tuer. Il était possible de retirer par chirurgie la portion infectée de l'intestin, mais la condition générale de Tom était si mauvaise que les médecins avaient affirmé qu'il mourrait pendant la chirurgie. La chirurgie salvatrice l'achèverait, et pourtant il allait mourir s'il ne pouvait pas la subir. Quel choix !

Dee était si touchée par l'histoire de Nancy qu'elle est revenue à la maison et qu'elle m'a demandé : « Bill, pourquoi n'aiderais-tu pas cet homme ? »

« Que pourrais-je faire ? Si le médecin dit qu'il n'y a rien à faire, je ne vois pas comment je pourrais améliorer la situation. »

« Je t'ai vu aider des gens. Tu as une façon de les aider à se sentir mieux simplement en leur parlant. Appelle Nancy et demande-lui de venir à la maison ce soir avec Tom. J'ai son numéro. »

Dee m'a tendu le numéro de téléphone sur un bout de papier. « Je ne connais pas ces personnes, lui dis-je, je ne sais pas quoi faire. »

« Appelle-les, tout simplement. Tu trouveras bien quoi leur dire. »

Et comme je ne pouvais rien refuser à ma femme, je leur ai téléphoné et je les ai invités. J'ai appris par la suite que ma femme leur avait dit que je les appellerais et que je les inviterais. C'est ce qui explique pourquoi ils étaient prêts et qu'ils sont arrivés à notre maison moins de trente minutes plus tard.

Tom avait une très mauvaise mine. L'homme de 1,80 m pesait moins de 40 kg. Il n'avait presque plus de chair… qu'une pâle peau étirée sur ses os. Ses yeux étaient vides, morts, et il ne marchait plus – il trainait ses pieds comme s'ils étaient trop lourds pour ses jambes émaciées. Ses épaules étaient tombantes. Ses bras étaient couverts de croûtes suintantes, des marques laissées par les douzaines d'injections. Il n'avait même plus l'énergie nécessaire pour se guérir d'une piqûre. L'idée m'effleura l'esprit que j'avais déjà vu des cadavres qui avaient meilleure mine que Tom.

Nous nous sommes installés au salon pour pouvoir discuter un peu. Dee servit du thé. Je n'avais aucune idée de quoi faire, ni quoi dire. J'ai pensé vaguement que je pouvais le mettre sous hypnose, mais que ferais-je ensuite ?

J'ai rejeté l'idée de l'hypnose dès que j'ai commencé à parler à Tom. Il était sourd à 65 pour cent des deux oreilles. Même si je m'asseyais droit devant lui, et que je criais mes mots lentement, il ne comprenait qu'un mot sur trois ou quatre. Que pouvais-je faire ? Je n'avais aucune idée comment placer un homme sous hypnose s'il n'arrivait même pas à m'entendre, et je ne pouvais certainement pas l'hypnotiser au moyen de notes écrites.

Alors, j'ai fait ce que je fais toujours quand je ne sais pas comment résoudre un problème. Je me suis bien installé dans mon fauteuil, je me suis détendu et je me suis mis dans l'état de conscience où mon cerveau émet des ondes thêta. Mentalement, j'ai exprimé un seul mot à ma propre conscience supérieure : « À l'aide ! »

L'aide que je cherchais est arrivée en trombe dans ma conscience. J'ai compris en un instant tout ce que je devais faire. Bien franchement, ce que mon être supérieur m'avait dicté ne faisait aucun sens pour moi, mais j'avais compris il y a bien longtemps de ne pas remettre en question les instructions que je recevais de cet esprit supérieur. Il fallait seulement agir. Voici ce qu'on m'avait dicté, et ce que j'ai fait :

J'ai mené Tom vers une pièce adjacente où nous

avions un fauteuil inclinable où je lui ai fait signe de s'installer. Sur une feuille de papier, je lui ai écrit : « Inclinez la chaise et détendez-vous. Fermez vos yeux et ne les ouvrez pas jusqu'à ce que je touche votre front. » Il s'exécuta. Puis, j'ai posé mes mains à un centimètre de chaque côté de sa tête, sans le toucher. Puis j'ai déplacé lentement mes mains le long de son corps pour l'examiner. Mes mains sont devenues chaudes immédiatement, comme si je les avais plongées dans un bain d'eau chaude. Plus je longeais son corps avec mes mains, plus elles devenaient chaudes. Elles sont devenues plutôt rouges et enflées. Je l'ai examiné avec mes mains pendant une dizaine de minutes puis elles se sont soudainement rafraîchies et elles ont retrouvé leur couleur habituelle. J'ai su que j'avais fini, alors j'ai touché son front pour qu'il ouvre les yeux.

Tom s'est relevé d'un coup. « Mon Dieu! Mais qu'as-tu fait ? Je me sentais comme si j'étais en feu, mais je n'avais pas mal. Je me sens merveilleusement bien ! »

Sa peau avait repris une teinte rosée normale. Ses yeux pétillaient. Et quand nous sommes allés rejoindre nos conjointes, il marchait d'un pas vif.

Il a parlé sans arrêt tout le reste de la soirée. Et quand nous lui parlions d'une voix normale, il entendait chacun des mots prononcés.

Dee prépara un goûter et il le dévora avec appétit. Sa femme dit qu'il n'avait pas mangé de nourriture solide depuis plusieurs jours.

Au cours des semaines qui suivirent, son état

s'améliora à un point tel que le médecin affirma qu'il survivrait à la chirurgie. Et elle fut réussie en effet.

Je visitai Tom à l'hôpital après l'opération. Ses bras étaient toujours couverts de croûtes suintantes. Apparemment, tout son pouvoir de guérison s'était concentré où il en avait le plus besoin, et les plaies sur ses bras restaient dans le même état.

« Bill, serais-tu capable de faire quelque chose ? » me demanda-t-il en me montrant ses bras.

Je recommençai la procédure que j'avais utilisée il y avait de cela plusieurs semaines.

Le lendemain matin, Tom me téléphona pour me dire que les croûtes étaient tombées pendant la nuit et que la peau qui se trouvait en dessous était entièrement guérie.

Il a obtenu le congé de l'hôpital une semaine avant le temps prévu par son médecin.

Pendant les nombreuses semaines qui ont suivi, j'ai travaillé avec Tom soit au téléphone, soit en personne. Je n'ai jamais rencontré quelqu'un qui avait une aussi mauvaise estime de lui-même et une attitude aussi négative que Tom. Je lui ai dit que là se trouvait la source de tous ses problèmes de santé. Je lui ai montré l'autohypnose et je lui ai enseigné à se restructurer mentalement. Puis je l'ai laissé à lui-même en lui conseillant d'assumer la responsabilité de sa propre vie. Il ne pouvait pas vivre au travers de moi et je ne pouvais pas être disponible nuit et jour pour lui. Je lui ai dit que s'il retournait à son attitude négative, qu'il redeviendrait malade.

Je ne lui ai jamais demandé d'argent, et il ne

m'en a jamais offert. J'avais senti que c'était pour moi une responsabilité et une occasion qui m'était offerte de servir et d'apprendre. Il n'a jamais dit merci. Sa femme m'a remercié par contre. Elle m'a dit que, à sa connaissance, Tom n'avait jamais dit « Merci » de toute sa vie.

Pendant plusieurs années, Tom a mis en pratique ce que je lui avais enseigné avec une assiduité variable et il est resté raisonnablement en forme. Mais plus tard, il a fini par se laisser aller vers ses habitudes de pensées négatives. Il a cessé d'essayer de s'aider lui-même. Il a rendu sa vie misérable pour lui-même et pour sa femme et pour quiconque le croisait.

Quand j'ai appris cela, Tom se retrouvait à nouveau aux portes de la mort. Cette fois, il avait abandonné. De toute évidence, il avait envie de mourir. On n'y pouvait plus rien. Il est mort en effet, mais il avait gagné environ cinq années supplémentaires et il avait eu la chance d'apprendre et d'évoluer spirituellement. Il est malheureux qu'il n'ait pas choisi de le faire, mais à un autre moment donné, en un autre lieu, cette chance de grandir se présentera à nouveau.

Nous avons tous la chance d'apprendre, de grandir et de faire l'expérience de tout ce qui nous est nécessaire pour nous épanouir. Il nous est donné la possibilité de répéter et répéter autant de fois qu'il le faut, jusqu'à ce que nous réussissions à nous réaliser pleinement.

Pourquoi ne pas tenter de réussir du premier

coup. Faisons ce choix dès maintenant pour que nous puissions entamer de plus grandes et de plus importantes réalisations.

Dans l'expérience que je viens de vous raconter, j'ai utilisé les termes «état de conscience modifiée » et « ondes thêta du cerveau ». Ces termes se rapportent à une méthode particulièrement puissante pour le développement du potentiel de votre esprit. Vous pourrez en apprendre plus à ce sujet quand vous lirez les titres que je vous suggère.

Ce petit livre est en quelque sorte un catalyseur pour vous amener à réfléchir. La suite vous appartient. Commencez dès maintenant à exploiter le trésor de votre esprit !

En guise de conclusion, je vous propose une citation plusieurs fois centenaire de Lao Tseu : « Le voyage de mille lieues commence par un simple pas. »

Vous venez de faire ce premier pas.

ANNEXE

Lecture recommandée

De façon générale, plus vous lisez, mieux vous êtes outillé pour vous-même et pour la croissance de votre potentiel psychique (rappelez-vous l'exemple d'Edison qui, enfant, était un lecteur avide).

Je vous recommande de choisir des biographies de personnages célèbres (tels que Thomas Edison, Dwight Eisenhower, Marie Curie, Nikola Tesla, ou quiconque vous intéresse). Le bibliothécaire ou le libraire de votre localité pourra vous aider à les trouver.

Les biographies ne sont pas des outils de développement du potentiel de l'esprit en tant que tel, mais elles seront pour vous des sources d'inspiration lorsque vous avez l'impression que la vie vous joue de mauvais tours. Elles vous donneront également des exemples concrets des pouvoirs potentiels de l'esprit humain, puisque dans chacun de ces grands personnages réside une personne qui savait utiliser une plus grande part de pouvoir mental que la moyenne. Ce qu'ils ont été capables de faire, vous pouvez l'apprendre. Il suffit d'y concentrer vos efforts, en pleine conscience.

TABLE DES MATIÈRES

LES ESSENTIELS

L'ASTROLOGIE

LA GRAPHOLOGIE

LA COMMUNICATION
AVEC LES ESPRITS

LA RÉGRESSION VERS
LES VIES ANTÉRIEURES

LE CHAMANISME

LE POTENTIEL DE VOTRE
THÈME ASTRAL

LES CHAKRAS

LES POUVOIRS DE L'ESPRIT

LA VISUALISATION CRÉATRICE

LA NUMÉROLOGIE

LA PROJECTION ASTRALE

L'AUTO-DÉFENSE PSYCHIQUE

OCTAVE
ÉDITIONS